下尺丹几乙し丹下と

Translated Language Learning

Le Rossignol et la Rose

The Nightingale and The Rose

Oscar Wilde

Française / English

Copyright © 2023 Tranzlaty
All rights reserved
ISBN:978-1-83566-000-3

Original text by Oscar Wilde
The Nightingale and the Rose
Written in 1888 in English

www.tranzlaty.com

Le Rossignol et la Rose
The Nightingale and The Rose

«Elle a dit qu'elle danserait avec moi si je lui apportais des roses rouges»
'She said that she would dance with me if I brought her red roses'
«mais dans tout mon jardin il n'y a pas de rose rouge» s'écria le jeune Etudiant.
'but in all my garden there is no red rose' cried the young Student
De son nid dans le chêne vert, le rossignol l'entendit
from her nest in the holm-oak tree the nightingale heard him
et elle regarda à travers les feuilles, et se demanda
and she looked out through the leaves, and wondered

«Pas de rose rouge dans tout mon jardin !» s'écria-t-il
'No red rose in all my garden!' he cried
et ses beaux yeux remplis de larmes
and his beautiful eyes filled with tears
«De quelles petites choses dépend le bonheur !»
'On what little things does happiness depend!'
«J'ai lu tout ce que les mages ont écrit»
'I have read all that the wise men have written'
«Tous les secrets de la philosophie sont à moi»
'all the secrets of philosophy are mine'
«Pourtant, faute d'une rose rouge, ma vie est misérable»
'yet for want of a red rose my life is made wretched'

«Voici enfin un véritable amant» dit le rossignol
'Here at last is a true lover' said the nightingale

«Nuit après nuit, j'ai chanté de lui, bien que je ne le connaisse pas»
'Night after night have I sung of him, though I knew him not'
«Nuit après nuit, j'ai raconté son histoire aux stars»
'Night after night have I told his story to the stars'
«Et maintenant je le vois»
'and now I see him'

«Ses cheveux sont aussi foncés que la fleur de jacinthe»
'His hair is as dark as the hyacinth-blossom'
«Et ses lèvres sont rouges comme la rose de son désir»
'and his lips are as red as the rose of his desire'
«mais la passion a fait de son visage un ivoire pâle»
'but passion has made his face like pale Ivory'
«Et le chagrin a scellé son sceau sur son front»
'and sorrow has set her seal upon his brow'

«Le Prince a organisé un bal demain», dit le jeune étudiant
'The Prince has organized a ball tomorrow' said the young student
«Et mon amour sera là»
'and my love will be there'
«Si je lui apporte une rose rouge, elle dansera avec moi»
'If I bring her a red rose, she will dance with me'
«Si je lui apporte une rose rouge, je la tiendrai dans mes bras»
'If I bring her a red rose, I will hold her in my arms'
«Et elle appuiera sa tête sur mon épaule»
'and she will lean her head upon my shoulder'

«Et sa main sera serrée dans la mienne»
'and her hand will be clasped in mine'

«Mais il n'y a pas de rose rouge dans mon jardin»
'But there is no red rose in my garden'
«Alors je vais m'asseoir seul»
'so I will sit lonely'
«Et elle passera devant moi»
'and she will go past me'
«Elle ne tiendra pas compte de moi»
'She will have no heed of me'
«Et mon cœur se brisera»
'and my heart will break'

«Voici bien le véritable amant», dit le rossignol
'Here indeed is the true lover' said the nightingale
«Ce que je chante de lui, il souffre»
'What I sing of he suffers'
«Ce qui est joie pour moi, c'est douleur pour lui»
'what is joy to me is pain to him'
«L'amour est sûrement une chose merveilleuse»
'Surely love is a wonderful thing'
«L'amour est plus précieux que les émeraudes»
'love is more precious than emeralds'

«Et l'amour est plus cher que les fines opales»
'and love is dearer than fine opals'
«Les perles et les grenades ne peuvent pas acheter l'amour»
'Pearls and pomegranates cannot buy love'

«L'amour n'est pas non plus vendu sur la place du marché»
'nor is love sold in the market-place'
«L'amour ne s'achète pas aux marchands»
'love can not be bought from merchants'
«L'amour ne peut pas non plus peser sur une balance pour l'or»
'nor can love be weighed on a balance for gold'

«Les musiciens vont s'asseoir dans leur galerie», a déclaré le jeune étudiant
'The musicians will sit in their gallery' said the young student
«Et ils joueront sur leurs instruments à cordes»
'and they will play upon their stringed instruments'
«Et mon amour dansera au son de la harpe»
'and my love will dance to the sound of the harp'
«Et elle dansera au son du violon»
'and she will dance to the sound of the violin'
«Elle dansera si légèrement que ses pieds ne toucheront pas le sol»
'She will dance so lightly her feet won't touch the floor'

«Et les courtisans se presseront autour d'elle»
'and the courtiers will throng round her'
«Mais elle ne dansera pas avec moi»
'but she will not dance with me'
«Parce que je n'ai pas de rose rouge à lui donner»
'because I have no red rose to give her'
il s'est jeté sur l'herbe
he flung himself down on the grass

et il enfouit son visage dans ses mains et pleura
and he buried his face in his hands and wept

«Pourquoi pleure-t-il ?» demanda un petit lézard vert
'Why is he weeping?' asked a little Green Lizard
alors qu'il courait devant avec sa queue en l'air
while he ran past with his tail in the air
« Pourquoi en effet? » dit un papillon
'Why indeed?' said a Butterfly
alors qu'il voltigeait après un rayon de soleil
while he was fluttering about after a sunbeam
«Pourquoi en effet ?» murmura une marguerite à son voisin d'une voix douce et basse.
'Why indeed?' whispered a daisy to his neighbour in a soft, low voice

«Il pleure une rose rouge» dit le rossignol
'He is weeping for a red rose' said the nightingale
«Pour une rose rouge !» s'exclamèrent-ils
'For a red rose!?' they exclaimed
« Comme c'est ridicule! »
'how very ridiculous!'
et le petit lézard, qui était un peu cynique, éclata de rire
and the little Lizard, who was something of a cynic, laughed outright

Mais le rossignol comprit le secret du chagrin de l'étudiant
But the nightingale understood the secret of the student's sorrow
et elle resta silencieuse dans le chêne

and she sat silent in the oak-tree
Et elle pensa au mystère de l'amour
and she thought about the mystery of love
Soudain, elle déploya ses ailes brunes
Suddenly she spread her brown wings
et elle s'est envolée dans les airs
and she soared into the air

Elle traversa le bosquet comme une ombre
She passed through the grove like a shadow
et comme une ombre, elle traversa le jardin
and like a shadow she sailed across the garden
Au centre du jardin se trouvait un beau rosier
In the centre of the garden was a beautiful rose-tree
et quand elle vit le rosier, elle s'envola vers lui
and when she saw the rose-tree, she flew over to it
et elle se percha sur une brindille
and she perched upon a twig

«Donnez-moi une rose rouge» s'écria-t-elle
'Give me a red rose' she cried
«Donnez-moi une rose rouge et je vous chanterai ma chanson la plus douce»
'give me a red rose and I will sing you my sweetest song'
Mais l'arbre secoua la tête
But the Tree shook its head
«Mes roses sont blanches» répondit le rosier
'My roses are white' the rose-tree answered

«Aussi blanc que l'écume de la mer»
'as white as the foam of the sea'

«et plus blanc que la neige sur la montagne»
'and whiter than the snow upon the mountain'
«Mais va voir mon frère qui pousse autour du vieux cadran solaire»
'But go to my brother who grows round the old sun-dial'
«Peut-être qu'il te donnera ce que tu veux»
'perhaps he will give you what you want'

Alors le rossignol s'est envolé vers son frère
So the nightingale flew over to his brother
le rosier poussant autour de l'ancien cadran solaire
the rose-tree growing round the old sun-dial
«Donnez-moi une rose rouge» s'écria-t-elle
'Give me a red rose' she cried
«Donnez-moi une rose rouge et je vous chanterai ma chanson la plus douce»
'give me a red rose and I will sing you my sweetest song'
Mais le rosier secoua la tête
But the rose-tree shook its head
«Mes roses sont jaunes» répondit le rosier
'My roses are yellow' the rose-tree answered

«Aussi jaune que les cheveux d'une sirène»
'as yellow as the hair of a mermaid'
«et plus jaune que la jonquille qui fleurit dans le pré»
'and yellower than the daffodil that blooms in the meadow'
«Avant que la tondeuse n'arrive avec sa faux»
'before the mower comes with his scythe'
«Mais va voir mon frère qui grandit sous la fenêtre de l'élève»

'but go to my brother who grows beneath the student's window'
«Et peut-être qu'il vous donnera ce que vous voulez»
'and perhaps he will give you what you want'

Alors le rossignol s'est envolé vers son frère
So the nightingale flew over to his brother
le rosier qui pousse sous la fenêtre de l'élève
the rose-tree growing beneath the student's window
«Donnez-moi une rose rouge» s'écria-t-elle
'give me a red rose' she cried
«Donnez-moi une rose rouge et je vous chanterai ma chanson la plus douce»
'give me a red rose and I will sing you my sweetest song'
Mais le rosier secoua la tête
But the rose-tree shook its head

«Mes roses sont rouges» répondit le rosier
'My roses are red' the rose-tree answered
«Aussi rouge que les pieds de la colombe»
'as red as the feet of the dove'
«Et plus rouge que les grands fans de corail»
'and redder than the great fans of coral'
«Les coraux qui se balancent dans la caverne de l'océan»
'the corals that sway in the ocean-cavern'

«Mais l'hiver m'a glacé les veines»
'But the winter has chilled my veins'
«Et le gel a étouffé mes bourgeons»
'and the frost has nipped my buds'
«Et la tempête m'a brisé les branches»

'and the storm has broken my branches'
«Et je n'aurai pas de roses du tout cette année»
'and I shall have no roses at all this year'

«Une rose rouge, c'est tout ce que je veux» s'écria le rossignol
'One red rose is all I want' cried the nightingale
« N'y a-t-il aucun moyen par lequel je peux l'obtenir? »
'Is there no way by which I can get it?'
«Il y a un moyen» répondit le rosier.
'There is a way' answered the rose-tree'
« mais c'est si terrible que je n'ose pas vous le dire »
'but it is so terrible that I dare not tell you'
«Dis-le-moi» dit le rossignol
'Tell it to me' said the nightingale
«Je n'ai pas peur»
'I am not afraid'

«Si tu veux une rose rouge» dit le rosier
'If you want a red rose' said the rose-tree
«Si vous voulez une rose rouge, vous devez construire la rose à partir de la musique»
'if you want a red rose you must build the rose out of music'
«Tandis que le clair de lune brille sur vous»
'while the moonlight shines upon you'
«Et tu dois tacher la rose avec le sang de ton propre cœur»
'and you must stain the rose with your own heart's blood'

«Tu dois me chanter avec ta poitrine contre une épine»
'You must sing to me with your breast against a thorn'

«Toute la nuit, tu dois me chanter»
'All night long you must sing to me'
«L'épine doit percer votre cœur»
'the thorn must pierce your heart'
«Ton sang vital doit couler dans mes veines»
'your life-blood must flow into my veins'
«Et ton sang vital doit devenir le mien»
'and your life-blood must become my own'

«La mort est un prix élevé à payer pour une rose rouge» s'écriait le rossignol
'Death is a high price to pay for a red rose' cried the nightingale
«La vie est très chère à tous»
'life is very dear to all'
«Il est agréable de s'asseoir dans le bois vert»
'It is pleasant to sit in the green wood'
«C'est agréable de regarder le soleil dans son char d'or»
'it is nice to watch the sun in his chariot of gold'
«Et c'est agréable de regarder la lune dans son char de perle»
'and it is nice to watch the moon in her chariot of pearl'

«Doux est le parfum de l'aubépine»
'sweet is the scent of the hawthorn'
«Douces sont les jacinthes qui se cachent dans la vallée»
'sweet are the bluebells that hide in the valley'
«Et douce est la bruyère qui souffle sur la colline»
'and sweet is the heather that blows on the hill'
«Pourtant, l'amour vaut mieux que la vie»
'Yet love is better than life'

«Et quel est le cœur d'un oiseau comparé au cœur d'un homme ?»
'and what is the heart of a bird compared to the heart of a man?'

Alors elle a déployé ses ailes brunes pour le vol
So she spread her brown wings for flight
et elle s'est envolée dans les airs
and she soared into the air
Elle balaya le jardin comme une ombre
She swept over the garden like a shadow
et comme une ombre, elle naviguing à travers le bosquet
and like a shadow she sailed through the grove

Le jeune étudiant était toujours allongé dans le jardin
The young Student was still lying in the garden
et ses larmes n'étaient pas encore sèches dans ses beaux yeux
and his tears were not yet dry in his beautiful eyes
«Sois heureux» s'écria le rossignol
'Be happy' cried the nightingale
«Tu auras ta rose rouge»
'you shall have your red rose'
«Je ferai ta rose de la musique»
'I will make your rose out of music'
«Tandis que le clair de lune brille sur moi»
'while the moonlight shines upon me'

«Et je tacherai ta rose du sang de mon cœur»
'and I will stain your rose with my own heart's blood'
«Tout ce que je te demande en retour, c'est que tu sois un véritable amant»

'All that I ask of you in return is that you will be a true lover'
«parce que l'amour est plus sage que la philosophie, bien qu'elle soit sage»
'because love is wiser than Philosophy, though she is wise'
«Et l'amour est plus puissant que le pouvoir, bien qu'il soit puissant»
'and love is mightier than power, though he is mighty'

«Ses ailes sont couleur de flamme»
'flame-coloured are his wings'
«Et coloré comme la flamme est son corps»
'and coloured like flame is his body'
«Ses lèvres sont douces comme du miel»
'His lips are as sweet as honey'
«Et son haleine est comme de l'encens»
'and his breath is like frankincense'

L'étudiant leva les yeux de l'herbe
The Student looked up from the grass
et il écouta le rossignol
and he listened to the nightingale
mais il ne pouvait pas comprendre ce qu'elle disait
but he could not understand what she was saying
parce qu'il ne savait que ce qu'il avait lu dans les livres
because he only knew what he had read in books
Mais le chêne comprit et il se sentit triste
But the Oak-tree understood, and he felt sad

Il aimait beaucoup le petit rossignol
he was very fond of the little nightingale
parce qu'elle avait construit son nid dans ses branches

because she had built her nest in his branches
«Chante une dernière chanson pour moi» murmura-t-il
'Sing one last song for me' he whispered
«Je me sentirai très seul quand tu seras parti»
'I shall feel very lonely when you are gone'
Ainsi le rossignol chantait au chêne
So the nightingale sang to the Oak-tree
et sa voix était comme de l'eau bouillonnant d'un pot d'argent
and her voice was like water bubbling from a silver jar

Quand elle eut fini sa chanson, l'élève se leva
When she had finished her song the student got up
et il sortit un carnet
and he pulled out a note-book
et il a trouvé un crayon de plomb dans sa poche
and he found a lead-pencil in his pocket
«Elle a la forme» se dit-il
'She has form' he said to himself
«Qu'elle ait la forme ne peut lui être refusé»
'that she has form cannot be denied to her'
« Mais a-t-elle des sentiments? »
'but does she have feeling?'
«J'ai peur qu'elle n'ait aucun sentiment»
'I am afraid she has no feeling'

« En fait, elle est comme la plupart des artistes »
'In fact, she is like most artists'
« Elle est tout en style, sans aucune sincérité »
'she is all style, without any sincerity'
«Elle ne se sacrifierait pas pour les autres»

'She would not sacrifice herself for others'
«Elle ne pense qu'à la musique»
'She thinks merely of music'
«Et tout le monde sait que les arts sont égoïstes»
'and everybody knows that the arts are selfish'

« Pourtant, il faut admettre qu'elle a de belles notes »
'Still, it must be admitted that she has some beautiful notes'
« C'est dommage que sa chanson ne signifie rien »
'it's a pity her song does not mean anything'
« Et c'est dommage que sa chanson ne soit pas utile »
'and it's a pity her song is not useful'
Et il est entré dans sa chambre
And he went into his room
et il s'allongea sur son petit lit de palette
and he lay down on his little pallet-bed
Et il a commencé à penser à son amour jusqu'à ce qu'il s'endorme
and he began to think of his love until he fell asleep

Et quand la lune brillait dans les cieux, le rossignol s'envolait vers le rosier
And when the moon shone in the heavens the nightingale flew to the Rose-tree
et elle posa sa poitrine contre l'épine
and she set her breast against the thorn
Toute la nuit, elle a chanté avec sa poitrine contre l'épine
All night long she sang with her breast against the thorn
et la Lune de cristal froid se pencha et écouta
and the cold crystal Moon leaned down and listened
Toute la nuit, elle a chanté

All night long she sang
et l'épine s'enfonça de plus en plus profondément dans sa poitrine
and the thorn went deeper and deeper into her breast
et son sang vital s'est éloigné d'elle
and her life-blood ebbed away from her

D'abord, elle a chanté la naissance de l'amour dans le cœur d'un garçon et d'une fille
First she sang of the birth of love in the heart of a boy and a girl
Et sur la branche la plus haute du rosier s'épanouissait une merveilleuse rose
And on the topmost branch of the rose-tree there blossomed a marvellous rose
petal a suivi petal, comme song a suivi song
petal followed petal, as song followed song
Au début, la rose était encore pâle
At first the rose was still pale

Aussi pâle que la brume qui plane au-dessus de la rivière
as pale as the mist that hangs over the river
aussi pâle que les pieds du matin
as pale as the feet of the morning
et aussi argentés que les ailes de l'aube
and as silver as the wings of dawn
Comme pâle l'ombre d'une rose dans un miroir d'argent
As pale the shadow of a rose in a mirror of silver
aussi pâle que l'ombre d'une rose dans une mare d'eau
as pale as the shadow of a rose in a pool of water

Mais l'arbre cria au rossignol;
But the Tree cried to the nightingale;
«Presse plus près, petit rossignol, ou le jour viendra avant que la rose ne soit finie»
'Press closer, little nightingale, or the day will come before the rose is finished'
Alors le rossignol se pressa plus près contre l'épine
So the nightingale pressed closer against the thorn
et son chant devenait de plus en plus fort
and her song grew louder and louder
Parce qu'elle chantait la naissance de la passion dans l'âme d'un homme et d'une servante
because she sang of the birth of passion in the soul of a man and a maid

Et les feuilles de la rose rougissaient d'un rose délicat
And the leaves of the rose flushed a delicate pink
comme la rougeur dans le visage de l'époux quand il embrasse les lèvres de la mariée
like the flush in the face of the bridegroom when he kisses the lips of the bride
Mais l'épine n'avait pas encore atteint son cœur
But the thorn had not yet reached her heart
Ainsi, le cœur de la rose est resté blanc
so the rose's heart remained white
Parce que seul le sang d'un rossignol peut cramoisir le cœur d'une rose
because only a nightingale's blood can crimson the heart of a rose

Et l'arbre cria au rossignol;
And the Tree cried to the nightingale;
«Presse plus près, petit rossignol, ou le jour viendra avant que la rose ne soit finie»
'Press closer, little nightingale, or the day will come before the rose is finished'
Alors le rossignol se pressa plus près contre l'épine
So the nightingale pressed closer against the thorn
et l'épine toucha son cœur
and the thorn touched her heart
et une douleur féroce la traversa
and a fierce pang of pain shot through her

Amère, amère était la douleur
Bitter, bitter was the pain
Et Wilder de plus en plus grandit sa chanson
and wilder and wilder grew her song
Parce qu'elle a chanté l'amour qui est rendu parfait par la mort
because she sang of the love that is perfected by death
Elle a chanté l'amour qui ne meurt pas dans la vie
she sang of the love that does not die in life
Elle a chanté l'amour qui ne meurt pas dans le tombeau
she sang of the love that does not die in the tomb
Et la merveilleuse rose est devenue pourpre comme la rose du ciel de l'est
And the marvellous rose became crimson like the rose of the eastern sky
Crimson était la ceinture de pétales
Crimson was the girdle of petals
Aussi cramoisi qu'un rubis était le cœur

as crimson as a ruby was the heart

Mais la voix du rossignol s'affaiblit
But the nightingale's voice grew fainter
et ses petites ailes ont commencé à battre
and her little wings began to beat
et un film est venu sur ses yeux
and a film came over her eyes
Faer et Fainter a grandi sa chanson
fainter and fainter grew her song
et elle sentit quelque chose l'étouffer dans sa gorge
and she felt something choking her in her throat
Puis elle a donné un dernier éclat de musique
then she gave one last burst of music

la Lune blanche l'entendit, et elle oublia l'aube
the white Moon heard it, and she forgot the dawn
et elle s'attarda dans le ciel
and she lingered in the sky
La rose rouge l'a entendu
The red rose heard it
et la rose tremblait d'extase
and the rose trembled with ecstasy
et la rose ouvrit ses pétales à l'air froid du matin
and the rose opened its petals to the cold morning air

Echo l'a porté dans sa caverne violette dans les collines.
Echo carried it to her purple cavern in the hills
Et cela a réveillé les bergers endormis de leurs rêves
and it woke the sleeping shepherds from their dreams
Il flottait à travers les roseaux de la rivière

It floated through the reeds of the river
et les fleuves ont porté son message à la mer
and the rivers carried its message to the sea

«Regarde, regarde !» s'écria l'Arbre.
'Look, look!' cried the Tree
«La rose est finie maintenant»
'the rose is finished now'
Mais le rossignol n'a pas répondu
but the nightingale made no answer
car elle gisait morte dans les hautes herbes, avec l'épine dans le cœur
for she was lying dead in the long grass, with the thorn in her heart

Et à midi, l'étudiant a ouvert sa fenêtre et a regardé dehors
And at noon the student opened his window and looked out
«Quelle merveilleuse chance ! Il a pleuré
'What a wonderful piece of luck! he cried
«Voici une rose rouge !»
'here is a red rose!'
«Je n'ai jamais vu une rose comme celle-ci»
'I have never seen any rose like it'
«C'est tellement beau que je suis sûr qu'il a un long nom latin»
'It is so beautiful that I am sure it has a long Latin name'
Il se pencha et cueillit la rose
he leaned down and plucked the rose
Puis il courut jusqu'à la maison du professeur avec la rose à la main

then he ran up to the professor's house with the rose in his hand

La fille du professeur était assise dans l'embrasure de la porte
The professor's daughter was sitting in the doorway
Elle enroulait de la soie bleue sur une bobine
she was winding blue silk on a reel
et son petit chien était couché à ses pieds
and her little dog was lying at her feet
«Tu as dit que tu danserais avec moi si je t'apportais une rose rouge»
'You said that you would dance with me if I brought you a red rose'
«Voici la rose la plus rouge du monde»
'Here is the reddest rose in all the world'
«Tu le porteras ce soir, à côté de ton cœur»
'You will wear it tonight, next your heart'
« Pendant que nous dansons ensemble, il te dira combien je t'aime »
'While we dance together it will tell you how I love you'

Mais la fille fronça les sourcils
But the girl frowned
«J'ai peur que ça n'aille pas avec ma robe»
'I am afraid it will not go with my dress'
«Quoi qu'il en soit, le neveu du chambellan m'a envoyé de vrais bijoux»
'Anyway, the Chamberlain's nephew sent me some real jewels'

«Et tout le monde sait que les bijoux coûtent plus cher que les fleurs»
'and everybody knows jewels cost more than flowers'
«Eh bien, vous êtes très ingrat !» dit l'étudiant avec colère.
'Well, you are very ungrateful!' said the Student angrily
et il jeta la rose dans la rue
and he threw the rose into the street
et la rose est tombée dans le caniveau
and the rose fell into the gutter
et une roue de charrette a couru sur la rose
and a cart-wheel ran over the rose

«Ingrat !» dit la jeune fille
'Ungrateful!' said the girl
« Laissez-moi vous dire ceci; tu es très impoli'
'Let me tell you this; you are very rude'
« Et qui êtes-vous de toute façon? Seulement un étudiant!'
'and who are you anyway? Only a Student!'
«Vous n'avez même pas de boucles argentées sur vos chaussures»
'You don't even have silver buckles on your shoes'
«Le neveu du Chamberlain a de bien meilleures chaussures»
'The Chamberlain's nephew has far nicer shoes'
Et elle se leva de sa chaise et entra dans la maison
and she got up from her chair and went into the house

«Quelle bêtise l'amour est», dit l'étudiant, tandis qu'il s'éloignait

'What a silly thing Love is' said the Student, while he walked away
«L'amour n'est pas aussi utile que la logique»
'love is not half as useful as Logic'
«Parce que cela ne prouve rien»
'because it does not prove anything'
«L'amour parle toujours de choses qui n'arriveront pas»
'Love always tells of things that won't happen'
«Et l'amour vous fait croire des choses qui ne sont pas vraies»
'and love makes you believe things that are not true'
«En fait, l'amour est assez peu pratique»
'In fact, love is quite unpractical'

«À notre époque, être pratique est tout»
'in this age being practical is everything'
«Je retournerai à la philosophie et j'étudierai la métaphysique»
'I shall go back to Philosophy and I will study Metaphysics'
Il retourna donc dans sa chambre.
So he returned to his room
et il a sorti un grand livre poussiéreux
and he pulled out a great dusty book
et il a commencé à lire
and he began to read

La fin / The End

www.tranzlaty.com

www.ingramcontent.com/pod-product-compliance
Lightning Source LLC
Chambersburg PA
CBHW020134130526
44590CB00040B/621